Marcos Oliveira de Lima

Os haitianos em Manaus

AF548854

Marcos Oliveira de Lima

Os haitianos em Manaus

Migração e novas configurações identitárias em Manaus

CREDO EDICIONES

Imprint
Any brand names and product names mentioned in this book are subject to trademark, brand or patent protection and are trademarks or registered trademarks of their respective holders. The use of brand names, product names, common names, trade names, product descriptions etc. even without a particular marking in this work is in no way to be construed to mean that such names may be regarded as unrestricted in respect of trademark and brand protection legislation and could thus be used by anyone.

Cover image: www.ingimage.com

Publisher:
CREDO EDICIONES
is a trademark of
International Book Market Service Ltd., member of OmniScriptum Publishing Group
17 Meldrum Street, Beau Bassin 71504, Mauritius

Printed at: see last page
ISBN: 978-613-1-82547-7

Copyright © Marcos Oliveira de Lima
Copyright © 2019 International Book Market Service Ltd., member of OmniScriptum Publishing Group

OS HAITIANOS EM MANAUS

MIGRAÇÃO E NOVAS CONFIGURAÇÕES IDENTITÁRIAS EM MANAUS

MARCOS OLIVEIRA DE LIMA

RESUMO

O trabalho se propõe a estudar a identidade do refugiado haitiano em Manaus. Um dos pontos de partida foi identificá-los no sentido acadêmico da palavra. A pesquisa é importante para a academia, por que esta não visa apenas estudar este fenômeno ocorrido entre etnias, sem que utilize as informações e influencie outros setores – comércios, igrejas, indústrias, forças armadas e comunidades civis, organizações humanitárias e etc. Os métodos usados na confecção deste trabalho são: Pesquisa de campo e pesquisa bibliográfica. O presente trabalho está dividido nas seguintes partes: Primeira parte estuda a Identidade, suas definições e as diferenças que podem sofrer com a imigração ou fusão de etnias. A segunda parte mostra as fronteiras e as dificuldades que os refugiados enfrentaram até chegar a Manaus. A terceira expõe as possíveis modificações que podem ter os haitianos em sua identidade. Como procuramos mostrar no decorrer da pesquisa, as definições de identidade e posições de antropólogos especialistas no assunto, conforme os escritos de cada um, o que podemos considerar é que eles são unânimes quanto à forma da identidade, que esta começa a partir do nascimento do individuo e permanece em desenvolvimento por toda vida, e ainda mais que há estágios, cada um com seus produtos. Outra consideração pertinente ligada ao assunto é que há entre os antropólogos o entendimento de que a identidade pode absolver outras culturas, contudo, não perde sua essência identitária.

Palavras-chave: *Haitianos; refugiados; identidade; Manaus; Etnia.*

ABSTRACT

The work aims to study the identity of the Haitian refugee in Manaus. One of the starting points was to identify them in the academic sense of the word. The research is important to the gym, why this is not only study this phenomenon occurred between ethnic groups without using the information and influence other sectors - businesses, churches, industries, military and civilian communities, humanitarian organizations and etc. The methods used in the preparation of this work are: Field research and literature. This work is divided into the following parts: Part one studies the identity, their definitions and differences that may suffer from immigration or ethnic fusion. The second part shows the boundaries and the difficulties refugees faced to reach Manaus. The third presents the possible changes that may have Haitians in their identity. As we try to show in the course of research, definitions of identity and expert anthropologists positions on the subject, as the writings of each, we can consider is that they are unanimous as to the identity, that starts from birth individual and remain in development throughout life, and even more that there are stages, each with its products. Another relevant consideration linked to the matter is that there are among anthropologists understanding that identity can absolve other cultures, however, does not lose its identity essence.

Keywords: *Haitians; refugees; identity; Manaus; Ethnicity.*

SUMÁRIO

INTRODUÇÃO

Antes de estudar antropologia, percebia pessoas de traços físicos e linguagem deferente, em alguns lugares da cidade de Manaus, em especial no bairro de São Geraldo, logo tive a informação que se tratava dos haitianos, daí despertou a curiosidade em torno destas pessoas. Quando comecei estudar antropologia, então, percebi que poderia pesquisar a situação deles, assim, comecei minha pesquisa na paróquia de São Geraldo com os líderes daquela igreja que os abrigava, onde recebi muitas informações, desde os primeiros grupos a chegarem à cidade e suas principais dificuldades.

Os refugiados haitianos são vitimas de dois acontecimentos trágicos em seu país, o primeiro causado por seus governantes no decorrer dos tempos, que culminou em uma guerra civil sem precedentes, o segundo um fenômeno natural, um forte terremoto que abalou a estrutura de todos os prédios de seu país, tornando o Haiti uma catástrofe nacional, alvo do socorro de todo o mundo. Por isto, muitos chegaram a Manaus, aproximadamente 1.307 entre janeiro e fevereiro de 2013, segundo a pastoral do migrante, objeto desta pesquisa, no ano seguinte, de janeiro a dezembro 1.835 haitianos chegaram à capital amazonense, diante deste fenômeno social, que a organização de uma cidade poderia se dispor a receber e alojar estas pessoas com dignidade.

Um dos pontos de partida foi identificá-los no sentido acadêmico da palavra. Sendo a identidade algo construído no decorrer da vida e suas modificações com o desenvolvimento desta, como afirma Hall (1997). Pode-se afirmar que é possível um individuo mudar de uma cultura para outra e ter sua identidade atualizada dado sua convivência com novas culturas.

A pesquisa é importante para a academia, por que esta não visa apenas estudar este fenômeno ocorrido entre etnias, sem que utilize das informações e assim, influencie outros setores – comércios, igrejas, indústrias, forças armadas e comunidades civis, organizações humanitárias e etc. – todas precisam de informações confiáveis que somente a academia pode fornecer. A fim de chamar a atenção para este fenômeno social em que vive esta geração, com tantos refugiados em quase todos os continentes, como jamais vistos.

Os métodos usados para confecção deste trabalho são: Pesquisa de campo e pesquisa bibliográfica, assim, as informações serão usadas à luz da pesquisa de campo e das literaturas aprovadas e publicadas, bem como dos livros de autores clássicos da antropologia. Assim, este estudo é de natureza qualitativa, e o instrumento de investigação utilizado foi à entrevista semi-estruturada, que segundo Gil (1994), é a técnica mais usada dentro deste campo de estudos.

O presente trabalho está dividido nas seguintes partes, a primeira estuda o ponto antropológico, a Identidade, suas definições, as diferenças que podem sofrer com a imigração ou fusão de etnias. A segunda parte mostra as fronteiras e as dificuldades que os refugiados enfrentaram até chegar a Manaus. A terceira expõe as possíveis modificações que podem ter os haitianos em sua identidade.

Consideram-se, ao menos três princípios básicos pelos quais os olhares humanos devem contemplar: Que seu semelhante sempre precisará de sua ajuda quando em dificuldade fora de sua terra natal, especialmente aos que estão fugindo para preservar sua vida. Que todas as nações têm em sua composição, estrangeiros que de várias formas somam suas culturas às nações que os recebem, formado assim novas identidades; por fim, não menos importante, que as etnias tenham igual valor em qualquer lugar deste planeta, independente da nação a que pertence.

Porque ao Brasil?

O Brasil como um país que olha para o Haiti com o olhar de alteridade e que tem atitudes de socorro ao "estranho", se vendo no outro com diversas necessidades, primeiramente de ir ao encontro, em seu lugar de sofrimento e então, oferecer ajuda em suas terras.

Fazendo algumas avaliações do tipo: localização geográfica, a língua, o clima, a situação sócio-política e o relacionamento entre os dois países, Brasil e Haiti. Há ao menos dois aspectos que podemos afirmar com mais convicções, por que os refugiados haitianos escolheram o Brasil.

A presença militar liderada pelo Brasil sob o poder internacional da ONU estreitou os laços de amizade entre brasileiros e haitianos por logos sete anos, neste ínterim, o então presidente da república Lula, participou de um evento esportivo com a seleção brasileira de futebol denominado "o jogo da paz", e logo, após a catástrofe sísmica o ex-presidente voltou ao país atingido para propor a comunidade internacional ações objetivas e concretas para reconstrução do Haiti, oferecendo também apoio financeiro e deixando claro um convite aos cidadãos haitianos, que preferissem se refugiar no Brasil e seriam bem acolhidos. (SILVA 2012).

No aspecto mais diplomático no cenário mundial, a missão dada ao Brasil tinha como objetivo a missão, embasada na resolução, era promover a segurança necessária para que o governo provisório, instalado segundo as regras constitucionais, pudesse promover eleições, a garantia do controle territorial, a preservação da presença das mulheres, o respeito aos direitos humanos e “fomentar os princípios do governo democrático e o desenvolvimento institucional” (Resolução 1542, 7-II-a). (MATHIAS, 2006).

A presença brasileira no Haiti foi permanente e no decorrer do tempo as tropas foram mudando e sua liderança também, de forma que a previsão fora para durar seis meses, o planejado era empregar aproximadamente 6.700 pessoas das quais 1.200 provenientes do Brasil. Para o comando geral das tropas foi dada a missão ao general de divisão, Augusto Heleno Ribeiro Pereira. No entanto, a situação no Haiti não progrediu no sentido de pacificação, quanto mais se aproximava a data das eleições marcadas para o final de 2005, a violência subia nos níveis mais degradantes. Por isso, o CSNU decidiu prolongar a permanência da missão no país (Resolução 1576, 29/11/2004) até meados de 2005. E nomeando outro comandante o general de divisão, Urano Teixeira da Matta Bacellar. (MATHIAS, 2006).

A participação do Brasil na recuperação do Haiti não fora apenas militar, mas, muito mais em outros aspectos, como foi relatado em um simpósio que tratou das relações internacionais: A participação do Brasil junto aos países em desenvolvimentos ou em dificuldades como o Haiti, dispõe de inúmeras instituições que viabilizam a participação do país em processos de cooperação. Como a EMBRAPA (Empresa Brasileira de Pesquisa Agropecuária), FIOCRUZ, (Fundação Oswaldo Cruz), FARMANGUINHOS (Instituto de Tecnologia em Fármacos/FIOCRUZ), SENAI (Serviço Nacional da Indústria) e

SEBRAE (Serviço Brasileiro de Apoio às Micro e Pequenas Empresas). Estas empresas deram suportes essenciais ao país em tela. (SEITENFUS, 2007).

Outro motivo pelo qual os haitianos escolheram o Brasil para se refugiarem foi a sua economia, mesmo não sendo as mil maravilhas para os brasileiros, porém, para os haitianos poderia ser um paraíso. Assim, foi formado um imaginário de prosperidade nas terras brasileiras, talvez um novo "Eldorado" (um lugar de riqueza fácil como foi o ouro) que estes procuravam como uma nova saída esperançosa. (SILVA, 2012).

Com certeza, Manaus não foi o tal "Eldorado" para os haitianos, porém, tem sido o suficiente para enviar recursos aos familiares, que ficaram em suas terras de origem. As informações dão conta de que estes refugiados formam filas em um shopping de Manaus aos sábados, depois de seus recebimentos de salários, a fim de mandarem remessas de valores às suas famílias. (SILVA, 2012).

Portanto, neste país hospitaleiro não encontraram tantas riquezas ou facilidades, porém, muito diferente de seu país, encontraram uma relativa paz social e muitas possibilidades de desenvolvimento pessoal que satisfaz as necessidades humanas.

IDENTIDADE

Definições

A identidade é o ponto de partida, pois se trata de indivíduos dos quais suas ações e deslocamentos, seus comportamentos e relações entre diversas culturas e etnias, são representados por pessoas, seres humanos com identidades próprias, assim se faz necessário discorrer sobre identidade, a começar de sua definição até a identidade moderna globalizada.

Do latim do tempo das escolas ou do período escolástico *IDENTITALE,* esta palavra foi formada a partir do prefixo *IDEM, que significa "o mesmo ou a mesma",* a segunda parte da palavra é *ENTITAS* que significa entidade, ser. Identificação é uma derivação de identidade, ambos falam a respeito de singularidades.

Para Eric Erikson, a identidade é formada no decorrer da vida ao longo de uma série de oito estágios, à medida que a vida se desenvolve. O produto de um estágio facilita ou dificulta o estágio seguinte; ele usou como base para esta teoria o desenvolvimento psicosseuxual proposta por Freud, as fases são: Infância, primeiro ano de vida; inicio da meninice; fim da meninice; fase intermediária; adolescência; início da fase adulta; meia idade e velhice. (ERIKSON, 2004).

A Definição de identidade coletiva pode ser descrita com mais clareza e lucidez sob o entendimento do Dr. Pereiro que dividiu em partes, a saber: Essencialista, substantivista, psicologicista e primordialista. A essencialista, esta define a identidade como um conjunto de atributos sociocultural, bem presente e constante, herdado da alma coletiva preexistente e que não muda. A substantivista define a identidade, semelhante à anterior, porém, acrescenta uma sacralidade intocável, a substância é transmitida desde as raízes da cultura, auto-criada isoladamente. A psicologicista, esta definição procura um perfil na identidade psicológica. (PEREIRO, 2011-2012).

A fala e o comportamento expressam a identidade do grupo, o grupo tem uma identidade de personalidade coletiva. Numa definição primordialista, a identidade aqui prima pela pessoalidade e a individualidade, nós somos aquilo que somos, sobrecarregada de afeto e emoção de uma entidade preexistente de seus líderes antepassados, por isto ela é também; congregadora e mobilizadora por lealdade. (PEREIRO, 2011-2012).

Estas definições expostas pelo Dr. Pereiro, tem a pretensão de definir como "puros" os seus membros a fim de proteger das ameaças exteriores; é uma postura monolítica algo impossível empiricamente, pois, os seres humanos são misturas, de maneira que raramente ou quase impossível, uma identidade sem a adição de outra. (PEREIRO, 2011-2012).

Como exemplo das definições expostas, podemos perceber no comportamento dos refugiados haitianos em sua convivência entre os manauaras, ainda que estes se ajustem aos costumes da região como: comer as mesmas comidas, vestir as roupas adequadas ao clima quente e úmido. Há uma preservação de sua personalidade e individualidade, o fato de haver uma admissão dos usos e costumes não quer dizer mudanças profundas.

Identidade e Etnias

Identidade para o Dr. Pereiro 2012, p.212, é o seguinte: "Conta-se que quando dois antropólogos se encontram e não sabem de que falar, falam de identidade". A identidade é um construto que relaciona indivíduo e comunidade, indivíduo e território, uma comunidade com outra, um grupo com outros.

Etnia é o nome dado a um grupo de seres humanos, biológico e culturalmente homogêneo, esta descrição quase não se encontra nos povos do século XXI, porém, o que se mais encontra é a etnogênese, que é o processo de revitalização, afirmação e autoconsciência que identifica um grupo étnico, este processo é um fenômeno sociocultural contínuo que dinamiza a política de uma sociedade. Pode-se afirmar que este processo ocorreu e ocorre em todos os anos que teve sua etnia somada ou misturada a tantas outras. (BARTOLOMÉ, 2006). Os países, pois as sociedades contemporâneas têm por sua base étnica, um grupo.

Nas palavras de Roberto Cardoso de Oliveira, a grande dificuldade de estudar identidade é a parte que toca à psicologia, pois identidade está diretamente ligada á personalidade do individuo, por isto há entre os antropólogos o receio de se cometer o pecado do psicologismo. (OLIVEIRA, 2006).

A identidade étnica é uma construção cultural que se realiza em um período histórico, onde grupos étnicos em situações reais se recriam constantemente, e a etnicidade é sempre reinventada para fazer frente à realidade que muda (CONSTANTINO, 2000), (PIZZINATO, 2003).

Segundo Hall a identidade pessoal é adquirida a partir do nascimento e desenvolvida no decorrer da existência do individuo, e, está ligada a uma construção individual do conceito de si. Enquanto a identidade social é formada na convivência de seu grupo, a começar da família, seu grupo social primário e mais próximo, assim o conceito de identidade coletiva é formado a partir da vinculação da pessoa a grupos sociais. (MACHADO, 2003).

Na pesquisa de campo encontramos as realidades desta definição quanto à identidade social, até porque os refugiados haitianos penetraram em um grupo social diferente do seu grupo original, e como o passar do tempo de cinco anos aproximadamente, esta vinculação já pode ter suas influências, ao menos exteriores.

Sendo a identidade individual, uma construção cultural desenvolvida no decorrer da vida de um individuo, a etnicidade é um sentimento coletivo desta identidade, que implica e identifica-se com o outro do próprio grupo, não só, mas, também afirma-se como grupo étnico, assim o individuo se sente parte integrante do grupo, isto também implica em um exercício que pode incluir e excluir, assim é percebido o significado do "ethos" que é o modo de ser coletivo, particular e específico, neste sentido Bart diz que a etnicidade aparece quando um grupo se confronta com outro grupo. (BARTH, 1969).

Para tornar mais explícito o estudo da identidade precisa-se entrar em detalhes da descrição do individuo, para tanto, se faz necessário tomar como base o estudo do antropólogo brasileiro Roberto Cardoso de Oliveira que faz uma distinção entre a identidade e o "Eu".

O "Eu", como segurança da identidade, não se dissolve em qualquer influência que o invoca supostamente em uma cultura que o indivíduo possa ser inserido, mas também, este não é vulnerável nem implica dizer que ele seja algo com vontade própria e independente, sua flexibilidade lhe dar habilidade para fazer diferença com absoluta consciência de si própria. (OLIVEIRA, 2006).

Uma explicação que resume bem este assunto é do próprio Oliveira: "O Eu, é agente de uma ação só viabilizada pelo exercício de uma indispensável liberdade individual. Eis-nos, assim, na esfera da moral" (OLIVEIRA 2006, p.80). O eu ajuda a identidade transitar pela cultura de uma nação, de forma que este tem a habilidade para fazer isto sem misturar sua essência.

Visão antropológica

O estudo da antropologia nos permitiu adquirir novas lentes para ver o ser humano com mais nitidez humana, o que chamamos olhar etnográfico, é com este olhar, que passei a contemplar os haitianos, especificamente quando em pesquisas. As informações da organização que os assiste descrevem comportamentos diversificados de indivíduos sofrendo com esta alteração de lugar e de situação social, onde sua cultura, seus usos e costumes sofrem momentâneas alterações.

A identidade de cada individuo é formada ao longo do desenvolvimento de cada pessoa, pelo processo inconsciente, não sendo inato, existente a partir do momento do nascimento, tal identidade permanece sempre incompleta, com seu processo de contínua formação, assim pode-se afirmar que a identidade do ser humano sempre estará em formação. (HALL, 1997).

Com o entendimento da mesma linha do Dr. Pereiro se expressa que a identidade constrói-se no decorrer da história e que ela é uma definição do "nós", que se estabelece nas relações com os "outros". Portanto, em constantes mudanças, ainda que pareça estática no tempo. Ele afirma ainda que a identidade é construída socioculturalmente, como se fosse um grupo que pensa ser homogêneo, e se mantém como se diferente em ralação ao outro, mas há diversidade entre seus membros. A alteridade é o alimento da identidade, os valores da identidade são vistos no contato com o outro, e este contato é o começo de uma possível domesticação das relações entre estranhos, a identidade estará sempre em processo de acabamento ou em mudança. (PEREIRO, 2011-2012).

Partindo do entendimento de que a identidade é formada no indivíduo no decorrer de sua vida, necessita-se então mostrar o período em que se fala deste conceito a respeito do indivíduo em questão. O período mais áureo em o que o ser humano foi posto no núcleo de atenção foi a partir do século XVII, época em que o iluminismo o promoveu.

Antes se acreditava que o indivíduo era divinamente estabelecido entre seus pares, não sujeito a qualquer mudança estrutural do seu ser como indivíduo, e que este status de soberania era de ordem secular e divina. Entre o humanismo do XVI e o Iluminismo XVIII, dois movimentos que exaltaram o ser humano sobremaneira, causando uma ruptura com o passado, fez do indivíduo o centro de toda razão da sociedade, isto fez com que a modernidade acelerasse seu processo. (HALL, 1977).

A identidade tem suas bases de valores no conjunto cultural de seus padrões, então se entende que as circunstâncias que ultrapassam os limites destes padrões, a identidade étnica não é mantida, no entendimento de Barth isto é adaptação cultural e não ecológica. (FONSECA, 2013).

Por causa destas afirmações entende-se a importância da identidade de cada indivíduo em seu tempo, em especial na globalização, que tende a influenciar o individuo com mais eficiência e sua comunicação veloz, já que esta estar em constantes mudanças. Seres humanos que saem de uma ilha no mar do caribe, e se refugiam em um país na América latina de múltiplas culturas, terão fortes influências para modificar sua identidade. O norte do Brasil tem clima tropical semelhante à ilha caribenha o que facilita, por isto mesmo, estes refugiados se espalharam com tanta facilidade pela cidade de Manaus e depois por quase todo país.

Na pós-modernidade

Os territórios nacionais com suas culturas deixaram seus padrões desde a pós-modernidade, o que influenciou ou homogeneizou as culturas, por isto há um sentimento de que a globalização ameaça solapar as identidades e a unidade das culturas nacionais, por causa deste sentimento, Hall apresenta três contra tendências principais.

A primeira vem do argumento de Kevin Robin e da observação de que, ao lado da tendência em direção à homogeneização global, há também uma fascinação com a diferença e com a mercantilização da etnia e da "alteridade", uma etnia não é destruída até por que se trata de uma parte essencial do ser humano, ainda que haja uma mistura devida a globalização, quer pela comunicação veloz, quer pelas grandes massas de refugiados ao redor do mundo que se mistura a raças e as etnias. É muito mais provável que ela a globalização vá produzir, simultaneamente, novas identificações "globais" e *novas* identificações "locais", pois as identidades coadunadas formam novas identidades. (HALL, 1977).

A segunda qualificação relativamente ao argumento sobre a homogeneização global das identidades é que a globalização é muito desigualmente distribuída ao redor do globo, entre regiões e entre diferentes estratos da população dentro das regiões. Sendo este fenômeno chamado geometria do poder, a globalização não tão geométrica, assim, a identidade da globalização dificilmente será homogênica, porém, em grande parte terá sua influência ocidental em muitas culturas. (Hall, 1977).

O terceiro ponto na crítica da homogeneização cultural é a questão de se saber o que é mais afetado por ela. As culturas ao redor do globo podem até ser afetadas pela globalização, porém, em menor mediada, até porque, as nações orientais e ocidentais têm seus valores culturais bem diferenciados. O fato de o ocidente ser o "mentor" da globalização isto não quer dizer que seu poder coadunará as culturas de forma a torná-la uma, pode até influenciar, mas, dificilmente transformá-la a tanto, ainda, que a globalização seja um fenômeno característico dele. (Hall, 1977).

Diante destas definições de globalização expostas por Hall, pode-se situar no século XV o olhar europeu, para os países colonizados e entender que a palavra "globalização" ainda não fosse cunhada, mas, no sentido de colonizar e até ignorar a identidade dos povos ali existentes, já era uma realidade.

Outro modo de perceber a identidade na pós-modernidade pode ser exposto de outra forma, mas, com o mesmo entendimento, Claval, descreve a identidade como algo formado pela multiplicação dos deslocamentos e a rapidez da comunicação ao redor do mundo. Antes da globalização o comportamento era de certa forma limitada, a identidade era vivida sob forma de necessidade, lhes era imposto como valores à forma de pensar, o modo de ser e a própria imagem, de maneira que nem se quer tinha motivos para defini-la. A pós-modernidade aliada à globalização multiplicou o contato com o outro, abrindo um universo de informações e contatos que a "aldeia" perdeu suas fronteiras, oferecendo múltiplas formas de identidade. (CLAVAL, 1999).

Portanto, a identidade na pós-modernidade teve suas características modificadas em certa medida, pois, a cultura tende a modificar, porém, a identidade se adéqua aos novos ambientes e aos novos valores, preservando a identidade primária do individuo.

Identidade no Haiti

Os seres humanos que habitavam a ilha que recebeu o nome de Haiti, eram pessoas com seus valores intrínsecos como indivíduos, não precisavam ser descobertos por outros povos "civilizados", eles tinham suas identidades como pessoas e suas particulares características de seres humanos, neste sentido a visão eurocêntrica de "superioridade" sobre os povos estranhos, mas, quem a determinou como superior, ela mesma? Esta situação nos reporta ao famoso relato do antropólogo Lévi-Strauss, a curiosa situação entre dois grupos nas grandes ilhas após a descoberta da América, um grupo de espanhóis e suas comissões de inquéritos, a fim de pesquisar os indígenas para descobrir se aqueles nativos possuíam alma ou não; enquanto isto aqueles nativos de aparência "ignorantes" sem formação cultural dos brancos, emergiam brancos prisioneiros já mortos, para verificar por observações bem demoradas se seus cadáveres eram ou não sujeitos à decomposição. (LÉVI-STRAUSS, 1961).

Mediante de tal relato não se pode promover uma "civilização" em detrimento de outra, o fato dos europeus possuírem armas de fogo e um exército armado com lâminas super afiadas, não os torna mais civilizados que outros.

O mar do caribe que permeia tantas ilhas e países dos quais está o objeto de estudo, sofre suas diásporas ao longo dos séculos, e as saídas ou retiradas destes seres humanos de seu habitat natural, são alvos de estudos, pois formam identidades de outros povos, bem como, tem a sua dispersada por todos os continentes.

Os países que interviram no Haiti, quer por colonização, quer por intervenção de guerras ou até por exploração de seus nativos, como escravos, e os levaram para suas terras, contribuíram para a modificação identitária desta nação. A contribuição da França, por exemplo, país colonizador, deixou marcas indeléveis na identidade deste povo, de forma que a língua mais oficial do Haiti é o francês. O embargo imposto sobre eles por sessenta anos também marcou sua história, de forma negativa, de maneira que contribuiu em muito para o atraso do progresso desta ilha na comunidade internacional. De fato, a identidade haitiana sofreu intervenções de maneira significativa, a oportunidade de sair desta ilha equivale a sair da "caverna" para conhecer o mundo lá fora. (MATIJASCIC, 2009), (GALEANO, 1940).

Para Hall as nações caribenhas com seus tantos anos de independência não são apenas entidades políticas, mas, sujeitos com culturas e artes reproduzidas que demarcam suas fronteiras, assim, são pessoas que tem seus valores identitários formados em sua cultura, que independe do lugar para onde vão ou foram levados, sua identidade original ou já modificada em alguma mediada, está com o individuo. (HALL, 2003).

> Como imaginar sua relação com a terra de origem, a natureza de seu "pertencimento"? E de que forma devemos pensar sobre a identidade nacional e o "pertencimento" no Caribe a luz dessa experiência de diáspora? Os assentamentos negros na Grã-

> Bretanha não são totalmente desligados de suas raízes no Caribe. (Hall 2003.p.335).

Portanto, a identidade do indivíduo haitiano forjada nesta ilha tem seus aspectos intrínsecos à pessoa, que a caracteriza como ser humano, com raízes no Caribe, sendo possível viver em qualquer parte do planeta e receber influências de outras culturas, porém, a sua, ainda assim em menor medida, estará sempre em sua identidade original.

É possível mudar a identidade?

Começamos com entendimento do mecanismo de suma importância descrito por Roberto Cardoso de Oliveira em sua obra "Caminhos da identidade", na qual há uma explicação do "Eu" e sua função junta à identidade: O eu é aquele que dar o comando à identidade, é ele quem diz quando uma identidade deve ser usada. Um exemplo esclarecedor é a história do índio de nome Joaquim que manejava sua identidade kinininául se identificando conforme a situação ou o meio que tivesse: Reivindicava sua fala e direito à terra da reserva indígena como terena, participou do ritual como se fosse um verdadeiro terena, torceu pelo time como se fosse terena. Na reunião dos anciãos da tribo se identificou como um Naati, membro da camada dos chefes. Manipular estas identidades e manter-se íntegro em seu "Eu", mostrava sua liberdade de escolha, de identidade de conformidade, os diferentes interlocutores nos cenários que se apresentavam a ele, segundo Eric Erikson este tipo de identidade é chamada de identidade renunciada. (OLIVEIRA, 2006).

No entendimento do antropólogo, Carlos Rodrigues Brandão a identidade própria do nativo se conserva em meio a tantas influências do homem branco, o fato de um terena batizar seu filho na igreja e ter padrinhos, não o faz sertanejo; nem transforma um tukuna em caboclo, da mesma forma, como o êxodo dos jovens das aldeias às cidades a fim de trabalhar, não destrói os princípios de sua etnia adquiridos na coletividade de tribo. Os grupos étnicos preservam sua unidade social e permanecem existindo etnicamente diferenciado. (BRANDÃO, 1986).

Tomando como referencial para este assunto, o antropólogo europeu Fredrik Barth, que tem uma posição interessante quanto à possibilidade de mudança de identidade, para ele uma identidade étnica exposta a uma relação cultural que tem seus valores definidos, pode ser conservada, porém, há limites que devem ser respeitados sob pena de correr riscos de um prejuízo identitário, ou, seja há possibilidade de uma perda de referencial. (BARTH, 2000).

Esta posição de Barth advém dos frutos de suas pesquisas, quanto à qualificação de uma comunidade étnica, que a caracteriza como um grupo com os referencias que lhes dão solidez identitária, estes referenciais são: A auto-perpetuação biológica; o compartilhamento de valores culturais realizados fundamentalmente como uma unidade que se manifesta em sua cultura; mantém sua interação em constante comunicação; seus membros se identificam e são identificados com os mesmos valores, sem se depreciarem em categorias entre si, mas mantendo a mesma ordem. Estes princípios os permitem transitar por diversas culturas sem afetar sua identidade. (BARTH, 1976).

Acenando para a conclusão deste assunto tomam-se como referências explicativas, o sociólogo Manuel Castells e o Antropólogo Dr. Xerardo Pereiro. Do primeiro apresenta três características de identidade que acontecem na relação social de poder, cujo ator social tende a se descaracterizar de sua cultura ou de sua identidade. O segundo descreve as diferenças entre cultura e identidade, o que é de grande valia neste ponto.

A primeira identidade é a Legitimadora; esta ministrada pela liderança dominante, que visa tornar legítimo diante dos demais indivíduos daquela sociedade. A segunda é a identidade de resistência; ela encontra guarida em outros que estão descontentes com os dominantes, por isto se posiciona contra a opressão e define fronteiras. A terceira é a identidade projeto; onde seus atores sociais se utilizam de seus materiais culturais para projetar uma nova identidade e redefine a posição do individuo na sociedade. Assim são oferecidas três formas de oportunidade para uma identidade. (CASTELLS, 2000).

A reflexão neste ponto mostra que um indivíduo pode está inserido em uma nova cultura, totalmente legalizado em seus documentos, totalmente consciente dos usos e costumes daquele lugar, porém, o estudo antropológico o relembra da alteridade, que no fundo ele tem uma identidade e "somos" outro, o conceito de identidade é entre o indivíduo e a sociedade, entre a ação individual e a estrutura sociocultural, precisa-se entender que cultura não é o mesmo identidade, pois identidade se utiliza da cultura, mas não totalmente. Uma distinção simples e clara entre cultura e identidade: Cultura é o modo de vida de um grupo humano. A identidade é a representação da cultura de um grupo humano. (PEREIRO, 2012).

O Dr. Pereiro brinda seus leitores com a seguinte citação:

> O problema da identidade está sempre presente. Na redação da Constituição da 2ª República Espanhola, a definição do artigo que é ser espanhol deixou-se para o fim, pois não havia acordo. No fim decidiu-se que o texto seria o seguinte: "Ser espanhol é quem não pode ser outra coisa". (PEREIRO 2012.p.213).

Portanto, a identidade como essência do individuo pode ser preservada, mesmo que este adquira novos hábitos culturais em seus contatos com outras etnias, o que ele é enquanto pessoa é conservada, em especial quando obedecem as regras de conservação da identidade coletiva como exposto acima.

O HAITIANO EM MANAUS

As fronteiras

As conseqüências naturais causadas por fronteiras são: a divisão dos povos, a separação de nações e o distanciamento das culturas; porém, estas têm seus motivos legítimos, de defender suas "aldeias", pois os homens em seus mais puros sensos de ganância as ultrapassam, tão somente, com a finalidade de ampliar domínios geográficos dos seus países, portanto, a fronteira física tem suas devidas finalidades.

Neste entendimento os tratados foram estabelecidos entre os Estados e os reinos, pois suas fronteiras precisavam de uma delimitação não apenas topográficas, mas, algo que se constitui em modo de convivência para definir as práticas entre povos em suas circunvizinhanças. (MARTINS, 2002). Por isto, entende-se que as fronteiras também são estabelecidas pelo modo de viver entre os povos envolvidos independentes de sua língua, culturas e costumes.

Ainda que a globalização projete facilidades, as fronteiras culturais permanecem, pois nelas ainda incidem os usos, costumes e a religião, sendo esta última a mais forte de todas, que têm sido a maior causa de grandes divisões no mundo, chamado moderno.

Os refugiados haitianos que empreendem esta viagem ao Brasil começam a enfrentar diversas fronteiras, a primeira é a fronteira econômica, sua família precisa fazer um hercúleo esforço para levantar valores para viagem.

Depois, encontram as fronteiras da confiança, de quem os pode ajudar atravessar o mar do caribe, barcos ou embarcações sem a menor segurança. Os "coiotes" nome dado aos que cobram para fazer a travessia na fronteira, os quais não dão segurança de nada e ainda cobram caro pelo "serviço" ilegal. (SILVA, 2012).

Vencido todos os perigos do mar, chega-se a fronteira geográfica do país, alvo de seu refúgio. Silva em um capítulo intitulado "Aqui começa o Brasil" descreve com riquezas de detalhes as dificuldades que estes refugiados sofreram.

Quando os haitianos venceram o mar, ainda precisavam passar por países fronteiriços ao Brasil, em especial a Colômbia, foi então nesta fronteira que encontraram a tal inscrição que dizia: "Aqui começa o Brasil", para alguns começava o país exótico, porém, a placa alertava para a fronteira de um Estado-Nação que soberanamente decide quem pode cruzar suas fronteiras. Ali começavam sofrimentos com extorsões, descriminações o que apagou rapidamente as ideias de boas acolhidas, faladas pela diplomacia brasileira. (SILVA, 2012).

Até aqui se considera apenas a porta de entrada nesta fronteira, pois os três meses a que se referem são preenchidos de diversos sofrimentos, como: falta de alimentos, lugares improvisados para dormir, ociosidade pela grande demora. Grandes ajudas voluntárias vêm da Igreja Católica que fez do seu salão de missas um grande dormitório e dos fundos do templo uma cozinha que improvisada às mulheres haitianas que faziam comidas, mas, nos fins de semana estas ajudas cessam, para retornar na semana seguinte o que causa sofrimentos de 48 horas, estes haitianos dependem de outros voluntários moradores desta fronteira. (SILVA, 2012).

Vencida as fronteiras geográficas do estado amazonense uma vez na capital Manaus, começa as fronteiras culturais que incluem: A cor da pele, os traços de negros, o idioma e cultura como um todo, as quais "trabalham" contra, por uma oportunidade de trabalho e de estudos. (SILVA, 2012).

Diante destas dificuldades a identidade haitiana vai recebendo influência da cultura brasileira, também com sua identidade própria, que não deixa de também receber em muito menor medida a influência da identidade haitiana, pois a cultura brasileira é formada por diversas culturas ao longo de sua história.

Recepção voluntária e acolhedora da Igreja Católica

A Igreja Católica com suas organizações nas fronteiras quer em Tabatinga, quer no Acre, em Brasiléia ou Benjamin Constant, receberam estes refugiados deram as primeiras assistências humanitárias, unicamente por se tratar de ser o "próximo", uma atitude provida de amor ao semelhante. (SILVA, 2012).

Os dados desta sessão são resultados da pesquisa de campo realizado em uma paróquia da cidade de Manaus, estes dados são de particular informação não sendo possível fornecer os nomes de seus informantes, por isto, será usado nomes fictícios para preservar a identidade e como atitude ética será usada nas informações tão somente academicamente e os registros serão destruídos.

Os refugiados foram recebidos pela paróquia de São Geraldo e pelo Serviço Pastoral do Migrante (SPM) em suas respectivas sedes. Os haitianos chegaram à cidade de Manaus pelos portos e rodoviária assim declara o clérigo.

Os primeiros imigrantes ao chegarem ao porto de Manaus, orientados pela pastoral do migrante de Tabatinga, se dirigiram à igreja dos remédios no centro da cidade onde funciona, o (SPM). De lá, através dos carros dos religiosos Scalabrnianos, foram encaminhados ou para o abrigo (jacamim) do Estado ou para outras casas, outros imigrantes chegaram à catedral ou mesma à igreja de são Sebastião e depois buscados pela pastoral. Depois de alguns meses, os haitianos ao desembarcarem no porto de Manaus, lotavam os taxis começaram a ir diretamente à paróquia, com o passar do tempo, os taxistas e proprietários dos carros de aluguel, nem se quer perguntavam aos haitianos onde queriam ir, já levavam direto para a paróquia de São Geraldo.

Na quantidade que chegaram os haitianos em Manaus, aproximadamente 1.307 entre janeiro e fevereiro de 2013, segundo a pastoral do migrante, objeto desta pesquisa, no ano seguinte, de janeiro a dezembro 1.835 haitianos chegaram à capital amazonense, diante deste fenômeno etnológico, que a organização de uma cidade poderia se dispor a receber e alojar estas pessoas com dignidade. (pesquisa p.10).

Normalmente eram dois barcos por semana que vinha de Tabatinga, as terças e sextas-feiras ou sábados, nestes dias entre sete e nove horas da manhã lá vinham os táxis, ora quatro ora dez, ora quinze e até mais. Era um verdadeiro desembarque. Os espaços em frente à igreja de São Geraldo, o salão paroquial ficava tomado de malas e de imigrantes. Uns ficavam de cabeça baixa, silenciando, outros falavam forte, outros ainda ao encontrar os companheiros conhecidos desde o Haiti ou que se conheceram na viagem, transformavam o encontro em uma festa. (pesquisa p.12).

Diante de tal dificuldade ou a ausência do poder público, que deveria ser o carro chefe deste trabalho e auxiliado pela igreja e não o contrário, Silva registra o seguinte:

> Seja como for, a presença dos haitianos no Amazonas evidencia as contradições de como a sociedade civil e o governo seja ele municipal, estadual ou nacional, tem lidado com a questão migratória no pais, revelando não somente o despreparo das instituições oficiais para enfrentar situações emergenciais como esta, mas também explicita as diferentes posições dentro do próprio governo diante da necessidade de se rever a legislação migratória vigente no Brasil, a qual se encontra inadequada para responder os desafios do fenômeno migratória da atualidade. (Silva, 2012, p. 314).

Estes refugiados deveriam ser recebidos por alguém representante do estado do Amazonas enquanto governo, quer municipal quer estadual, com suas secretarias de assistências sociais, portanto, estes seriam os principais e únicos responsáveis por refugiados estrangeiros.

A distribuição dos haitianos na cidade de Manaus

Depois destas chagadas súbitas, eram encaminhados para os alojamentos e casas alugadas ou cedida em diversas partes da cidade, conforme a lista que segue: Manoa um casarão ainda em construção, Monte das Oliveira uma casinha, São Raimundo no salão paroquial, Nova República, Japiim, Lauro Cavalcante no centro, Petrópolis. As mulheres foram para a casa Ininga um retiro, Monsenhor Coutinho no centro, Getulio Vargas (matinha), Dom Pedro uma casa alugada pela paróquia, São Jorge, Educandos, Av. República Argentina no bairro centenário, Beija flor uma casa cedida. No dia 10 de fevereiro de 2012 havia em torno de mil haitianos nos abrigos. (SILVA, 2012).

Os parceiros que puderam somar forças para abrigar tantos refugiados dos quais registra-se: A ONG "Ama Haiti" que lotou seu casarão. A fundação Alan Kardec alugou um grande barracão onde alojou mais de trezentos. Um pastor Batista acolheu em sua igreja no parque das laranjeiras um grupo de sessenta. Outro pastor independente do Parque Dez abrigou outros sessenta ainda que temporário. (pesquisa p.14).

A chegada ao norte do Brasil possa ter surpreendido muitos refugiados, talvez pelas informações que caracterizam o país, as características Amazônicas divergem da parte mais desenvolvida, porém, será em Manaus que muitos imigrantes ficam para se adequar aos costumes e culturas, porém, por sua vez colaborando também com as suas, assim o haitiano passou a fazer parte do cenário amazonense.

Estes imigrantes permeiam a cidade, nas mais diversas atividades trabalhistas, escolares, religiosas, comerciais e de entretenimentos. Em pouco tempo formarão famílias e consequentemente seus filhos serão identificados pelas suas características físicas e pelos nomes, naturalmente a sociedade manauara recebe tais características, bem como os imigrantes estarão ligados a esta nova cultura. (pesquisa p.18).

Documentos

Documentação é uma das grandes dificuldades do refugiado, em especial quando não há definições claras quanto aos documentos exigidos ainda em sua terra natal, ou ainda, os trâmites para entrar pelas "portas da frente" de um país que tem suas burocracias complexas como é o caso dos haitianos vindos para o Brasil.

Os documentos são os objetos pelos quais se pode provar não somente sua identidade, mas, também suas intenções, a grande dificuldade de um refugiado é ser um indocumentado, este nem consegue provar quem ele é sem contar com a angústia de fugir da justiça do país onde é estranho ou estrangeiro.

Dentre muitas assistências, a pastoral do migrante encaminha os haitianos para tirar os documentos mais básicos e suficientes para o refugiado começar sua vida como um estrangeiro legalizado, estes tiram CPF, carteira de trabalho. (SILVA, 2012.p 314).

Os nomes a seguir: Erick Bien-Aime, Supplice Cadet Gelin, Jean Iberlio Suprice, são de pessoas haitianas que sonharam em ter seus documentos, já na nação brasileira, isto lhes garantem o começo de várias conquistas, dentre elas, de provar sua legalidade e sua identidade social, ainda que em terra estrangeira.

CONSIDERAÇÕES FINAIS

Olhando para o Haiti como o primeiro país a conquistar sua independência, mostrando assim às demais colônias que era possível se tornar livre, e que no auge de seu progresso colonial fora mais produtivo que as treze colônias da América do Norte, quando em estágio semelhante, porém, em plena globalização é identificada como a nação mais pobre do Caribe e ver seus filhos se refugiando em outras nações.

Esta nação e seus descendentes são os objetos de estudo em laboratórios acadêmicos, ainda que em documentos que registram suas histórias, porém, neste, estuda-se tão somente o comportamento entre seus pares, seres humanos à sua semelhança com os mesmos valores e essências intrínsecos ao ser humano, mutável ou não, influenciável ou não, mas são pessoas que deixaram seu habitat natural, para preservar seu bem maior, sua vida, e para continuar sonhando com a felicidade.

A identidade como objeto de estudo, sendo a parte essencial que compõe o ser humano, encontra-se dificuldades de explicar este comportamento humano em suas relações; exatamente neste ponto há uma linha tênue entre a antropologia e a psicologia; esta posição é quase unânime entre os estudantes de antropologia e até entre renomados antropólogos.

Como procuramos mostrar no decorrer da pesquisa, as definições de identidade e posições de antropólogos especialistas no assunto, conforme os escritos de cada um, o que podemos considerar é que eles são unânimes quanto à forma da identidade, que esta começa a partir do nascimento do individuo e permanece em desenvolvimento por toda vida, e ainda mais que há estágios, cada um com seus produtos.

Outra consideração pertinente que esta pesquisa mostra bem ligada ao assunto anterior é que há entre os antropólogos o entendimento que a identidade pode absolver outras culturas, contudo, não perde sua essência identitária, um haitiano pode passar a viver em outra cultura e absolver seus usos e costumes, mas, não perde sua identidade, ainda que passe a possuir documentos desta nova pátria, mas sua identidade é preservada; falar português, comer peixe com farinha como um manauara não o fará amazonense.

Nossa geração vive uma globalização importante, em especial com a velocidade das informações, por causa disto pensou-se em uma unificação de identidade. A história, porém, tem provado exatamente o contrário, pois um imigrante pode sair de sua nação e fixar residência em outra bem distante geograficamente e culturalmente, sem deixar de saber como estão seus patrícios, o que se passa em sua família, onde sua identidade foi forjada. Assim este imigrante pode acompanhar todos os passos da conservação de sua etnia e de sua identidade conforme os princípios expostos por Barth.

Considerando que não há nenhuma nação que não seja fruto da soma de outras etnias. Receber, pessoas de outras culturas na cidade em que vive, é como receber pessoas em dificuldades em sua casa, o Brasil é a nossa casa que recebe pessoas de outras culturas e etnias, que devem mesmo conservar tudo o que é próprio de sua formação cultural. A partir daqui, podemos olhar o outro como alguém completo, que tão somente está em uma terra diferente e que faz parte da única raça neste planeta, a raça humana, com suas múltiplas identidades.

REFERÊNCIAS

Livros

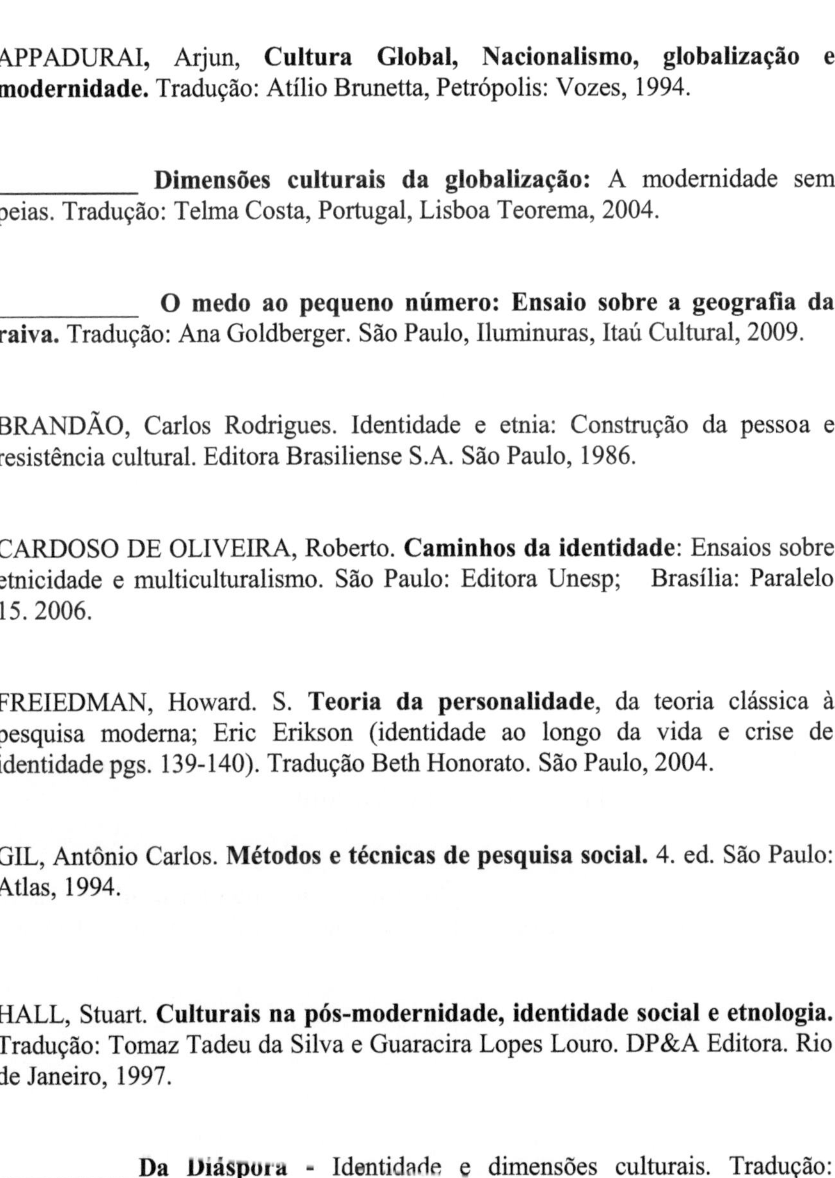

APPADURAI, Arjun, **Cultura Global, Nacionalismo, globalização e modernidade.** Tradução: Atílio Brunetta, Petrópolis: Vozes, 1994.

__________ **Dimensões culturais da globalização:** A modernidade sem peias. Tradução: Telma Costa, Portugal, Lisboa Teorema, 2004.

__________ **O medo ao pequeno número: Ensaio sobre a geografia da raiva.** Tradução: Ana Goldberger. São Paulo, Iluminuras, Itaú Cultural, 2009.

BRANDÃO, Carlos Rodrigues. Identidade e etnia: Construção da pessoa e resistência cultural. Editora Brasiliense S.A. São Paulo, 1986.

CARDOSO DE OLIVEIRA, Roberto. **Caminhos da identidade**: Ensaios sobre etnicidade e multiculturalismo. São Paulo: Editora Unesp; Brasília: Paralelo 15. 2006.

FREIEDMAN, Howard. S. **Teoria da personalidade**, da teoria clássica à pesquisa moderna; Eric Erikson (identidade ao longo da vida e crise de identidade pgs. 139-140). Tradução Beth Honorato. São Paulo, 2004.

GIL, Antônio Carlos. **Métodos e técnicas de pesquisa social.** 4. ed. São Paulo: Atlas, 1994.

HALL, Stuart. **Culturais na pós-modernidade, identidade social e etnologia.** Tradução: Tomaz Tadeu da Silva e Guaracira Lopes Louro. DP&A Editora. Rio de Janeiro, 1997.

__________ **Da Diáspora** - Identidade e dimensões culturais. Tradução: Sayonara Amaral, Belo Horizonte: Editora UFMG, 2003.

__________ **A identidade Cultural da pós-modernidade**, 10ª Edição, DP&A Editora. Rio de Janeiro, 2005.

LAKATOS, Eva Maria; MARCONI, Marina de Andrade. **Metodologia do trabalho científico.** – 7. ed. – 7. Reimpressão – São Paulo: Atlas, 2012

LAPLANTINE, François. **Aprender Antropologia.** Tradução Marie-Agnès Chauvel; prefácio Maria Isaura Pereira Queiroz. São Paulo: Brasiliense, 2003.

MARTINS, Maria Helena. **Fronteiras culturais Brasil, Uruguai, e Argentina.** Ateliê Editorial São Paulo - Cotia, 2002.

SAID, Edward. **Orientalismo - o oriente como inversão do ocidente.** Tradução Tomás Rosa Bueno. São Paulo, Companhia das Letras. 1990.

__________**Cultura e Imperialismo**. Editorial Anagrama. Barcelona. 4ª Ed. 1996.

SILVA, Sidney Antonio da. (org.) **Migrantes em contextos urbanos:** uma abordagem interdisciplinar**.** - Manaus, EDUA, 2010.

______________________________**Migrações na pan-amazônia**: Fluxos, Fronteiras e processos socioculturais, São Paulo: Hucitec, Manaus Fapeam, 2012.

Artigos

BARTH, Fredrik. **O guru**. Iniciador e outras variações antropológicas. Disponível em: WWW.sielo.br/sielo.php?pid.

BARTOLOMÉ. **AS ETNOGÊNESES**: VELHOS ATORES E NOVOS PAPÉIS NO CENÁRIO CULTURAL E POLÍTICO. Miguel Alberto BARTOLOMÉ. Mana vol.12 nº 1 Rio de Janeiro Apr. 2006. Disponível em: http://dx.doi.org/10.1590/S0104-93132006000100002.

CAVALCANTE, Talita. **Autoria:** Portal Educar Brasil. **Titulo:** O terremoto no Haiti. Dia 21 de agosto de 2015 às 21:35. Disponível em: http://www.marcosgeograficos.org.br/pdf/html.php?id=129.

CLAVAL. Paul. **O TERRITÓRIO NA TRANSIÇÃO DA PÓS-MODERNIDADE**. Universidade de Paris - Sorbonne 1999. Disponível em: WWW.uff.br/geographia/ojs/index./php/geografia.article/view,fil/16/14.

GORENDER, Jacob. **O épico e o trágico na história do Haiti.** Estud. av. vol.18 no.50 São Paulo. Jan./Abr. 2004. Disponível em: http://www.scielo.br/scielo.php?pid=S0103-40142004000100025&script=sci_arttext&tlng=es. Acesso: 08/01/2016.

GRIMSON, Alejandro. **"Introducción: Fronteras políticas versus fronteras culturales?"** Grimson, Alejandro, Buenos Aires, Ciccus, La Crujía (2000): 9-40.

GUIMARÃES, Dilva. CABRAL, Paulo. "**O que é Alteridade**". Disponível em: Significado.com. br. Acessado em: 28/08/2015, às 21:50.

MACHADO, Hilka Vier. **A identidade e o contexto organizacional:** perspectivas de análise.
A política brasileira de proteção e de reassentamento de refugiados – breves comentários sobre suas principais características. Disponível em:

http://www.scielo.br/scielo.php?pid=S003473292002000100008&script=sci_arttext#nt16. Acesso: 30-09-2015.

MOREIRA, Julia Bertino. **Cadernos PROLAM/USP.** (Ano 4 - vol. 2 - 2005, p. 57-76.). Disponível em http: <scholar.google.es/scholar?q> A Problemática dos Refugiados na América Latina. Acesso: 30-09-2015.

PEREIRO, Prof. Dr. Xerardo. APONTAMENTOS DE ANTROPOLOGIA SOCIOCULTURAL 2011-2012- Universidade de Trás-os-Montes e Alto Douro (UTAD) – antropólogo - Correio electrónico: xperez@utad.pt Web: www.utad.pt/~xperez/.

SAID, Edward. **Reflexões sobre o exílio**, P. 46-60. São Paulo, Companhia das Letras, 2003.

Revistas

ANDRADE, José H. Fischel. MARCOLINE, Adriana. Revista Brasileira de Política Internacional. A política brasileira de proteção e de reassentamento de refugiados – breves comentários sobre suas principais características. On-line version ISSN 1983-3121 Rev. bras. polít. int. vol.45 no.1 Brasília Jan./Jun. 2002. Disponível em: http://www.scielo.br/scielo.php?pid=S0034-73292002000100008&script=sci_arttext.

MATIJASCIC. Vanessa Braga. Mestre em Relações Internacionais pelo Programa de Pós-Graduação em Relações Internacionais "San Tiago Dantas" (UNESP, UNICAMP, PUC/SP) <http://lattes.cnpq.br/8804549805462742> - monalisavbm@gmail.com. Este trabalho é uma adaptação do capítulo 2 da dissertação de mestrado defendida em 15/12/2008 com financiamento CAPES/PRÓ-DEFESA.

________________________"Haiti: uma história de instabilidade política". Cenário Internacional, São Paulo, 14/07/2009. ISSN 1981-9102. Disponível em: http://www.cenariointernacional.com.br/default3.asp?s=artigos2.asp&id=130.

MATHIAS, Suzeley Kalil. Leandro Leone Pepe **SEGURANÇA E DEMOCRACIA: A ATUAÇÃO DO BRASIL NO HAITI.** San Juan, march 15-18th, 2006. Disponível em: WWW.urfjf.br/revistaipotesi/files/2011/05/4.conexão brasil-uruguai-haiti.

SEITENFUS, *Ricardo. (Orientador).* **O BRASIL E A COOPERAÇÃO TRIANGULAR SUL-SUL PARA O DESENVOLVIMENTO: O CASO DO HAITI.** I SIMPÓSIO EM RELAÇÕES INTERNACIONAIS do PROGRAMA DE PÓSGRADUAÇÃO EM RELAÇÕES INTERNACIONAIS SAN TIAGO DANTAS (UNESP, UNICAMP e PUC-SP) 12 a 14 de novembro de 2007. *Gabriela D. Verenhitach3; Marc Antoni Deitos;* Disponível em: WWW.santiagodantassplocaweb.com.br.simp/artigos/verennhitrch.

Sobre o Autor

Marcos Oliveira de Lima é Brasileiro, natural do Amazonas, casado.

Bacharel em Teologia Instituto Teológico Presbiteriano do Amazonas 1996-2001

Especialização em Antropologia Intercultural 2015

Especialização em Ciência da Religião 2015

Ordenado ao Sagrado Ministério em 2001

Pastor Auxiliar na Quanta Igreja Presbiteriana de Manaus – Manaus/Am 2001

Pastor na Igreja Presbiteriana do Crespo - Manaus/Am 2002-2008

Pastor na Igreja Presbiteriana Alvorada-Manaus/Am a partir de 2009.

yes
I want morebooks!

Buy your books fast and straightforward online - at one of world's fastest growing online book stores! Environmentally sound due to Print-on-Demand technologies.

Buy your books online at
www.morebooks.shop

¡Compre sus libros rápido y directo en internet, en una de las librerías en línea con mayor crecimiento en el mundo! Producción que protege el medio ambiente a través de las tecnologías de impresión bajo demanda.

Compre sus libros online en
www.morebooks.shop

KS OmniScriptum Publishing
Brivibas gatve 197
LV-1039 Riga, Latvia
Telefax: +371 686 204 55

info@omniscriptum.com
www.omniscriptum.com

Printed by Books on Demand GmbH, Norderstedt / Germany